UNE RELIGIEUSE DU BON PASTEUR.

PETITE NOTICE

SUR

CAROLINE DE STRANCKY,

Religieuse du Bon Pasteur d'Angers,

RÉDIGÉE

D'APRÈS UNE LETTRE ÉCRITE AUX RELIGIEUSES DE METZ,

Appartenant à la même Congrégation.

> Nous avons tout quitté pour vous, ô Jésus !
> (*Matth.* 19, 27.)

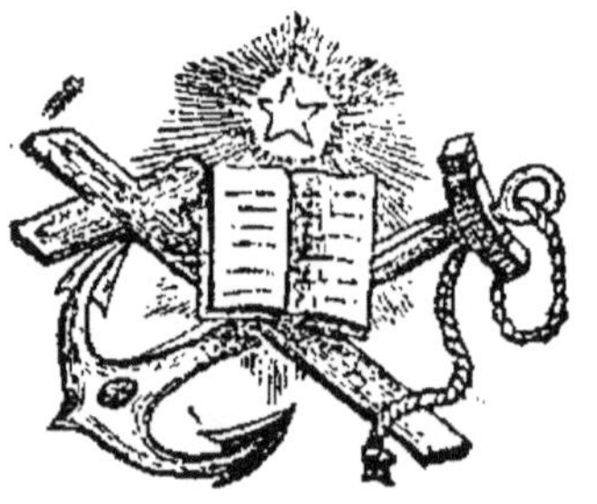

METZ,

PALLEZ et ROUSSEAU, Libraires-Éditeurs,

15, rue des Clercs.

PETITE NOTICE

SUR

CAROLINE DE STRANCKY,

Religieuse du Bon Pasteur d'Angers,

RÉDIGÉE

D'APRÈS UNE LETTRE ÉCRITE AUX RELIGIEUSES DE METZ,

Appartenant à la même Congrégation.

Nous avons tout quitté pour vous, ô Jésus!
(*Matth.* 19, 27.)

Caroline de Strancky naquit à Augsbourg, le 21 février 1820, de parents plus remarquables encore par leur foi que par leur noblesse. Ils s'appliquèrent, dès son enfance, à lui procurer les maîtres les plus habiles pour l'instruire dans les sciences humaines; mais ils ne se déchargèrent sur personne du soin de la former à la piété, et ils lui en donnèrent constamment eux-mêmes et la leçon et l'exemple.

EN VENTE

CHEZ LES MÊMES LIBRAIRES

Et par le même Auteur.

La Dernière Couronne d'Eulalie, ou Petite Notice sur un enfant de Marie du Sacré-Cœur de Metz, un joli petit volume...................... 30 cent.

Souvenirs et exemples. Petites Notices offertes aux jeunes personnes, un joli volume in-18 broché avec couverture lithographiée....... 1 fr. 25 cent.

Joli cartonnage.................... 1 fr. 50 cent.

METZ. — Imp. de DEMBOUR et GANGEL.

PETITE NOTICE

SUR

CAROLINE DE STRANCKY,

Religieuse du Bon Pasteur d'Angers,

RÉDIGÉE

D'APRÈS UNE LETTRE ÉCRITE AUX RELIGIEUSES DE METZ,

Appartenant à la même Congrégation.

> Nous avons tout quitté pour vous, ô Jésus !
> (*Matth.* 19, 27.)

Caroline de Strancky naquit à Augsbourg, le 21 février 1820, de parents plus remarquables encore par leur foi que par leur noblesse. Ils s'appliquèrent, dès son enfance, à lui procurer les maîtres les plus habiles pour l'instruire dans les sciences humaines ; mais ils ne se déchargèrent sur personne du soin de la former à la piété, et ils lui en donnèrent constamment eux-mêmes et la leçon et l'exemple.

Déjà Caroline se montrait digne de leur tendresse, et étonnait tous ceux qui la voyaient, par des connaissances bien supérieures à celles que possèdent d'ordinaire des enfants de son âge, et surtout par son obéissance, son amabilité et sa ferveur pour le service de Dieu, lorsque, dans sa neuvième année, elle tomba gravement malade et donna les plus vives inquiétudes. A force de soins, elle arriva à la guérison ou plutôt seulement à une prolongation d'existence, car, depuis cette époque, sa santé demeura toujours languissante, et celle qui s'annonçait dans la vie comme devant se faire remarquer par ses talents et les agréments de son esprit, n'eut guères à faire d'autre usage de la force de son âme que de s'en servir pour se soumettre courageusement à de continuelles souffrances. Une résignation constante, une patience à toute épreuve, une obéissance entière aux prescriptions des médecins, quelque ennuyeuses ou inutiles qu'elles parussent, voilà ce qu'elle s'imposa comme une obligation dès l'origine de sa maladie, et sa foi lui révélant déjà le mérite des souffrances endurées en conformité à la volonté de Dieu, on l'a entendue quelquefois ambitionner le sort des malades qui étaient à l'hôpital ou même abandonnés dans les rues. Au moins, disait-elle, ceux-là ont quelque chose à offrir au Seigneur; mais moi, quel mérite puis-je avoir au milieu de tant de soins dont on m'entoure, de tous ces adoucissements que chacun s'applique à apporter à mes maux, de ces marques continuelles de la bonté de ma mère et de ma famille? Hélas! c'est que je ne suis pas digne de souffrir véritablement.

Ce n'était pas là, au reste, une exaltation de jeune fille se laissant aller à une ferveur exagérée et, par là même, passagère. Chez elle rien ne démentait ses paroles; constamment calme et résignée, elle ne se plaignait pas, s'appliquait à dissimuler le mal qu'elle ressentait, affectait même une certaine gaîté, et s'efforçait surtout d'amener le sourire sur ses lèvres, quand elle craignait que la violence de la douleur ne fît couler involontairement ses larmes. Suffoquée par de violentes palpitations de cœur, elle éprouvait des accidents très-graves toutes les fois qu'elle prenait un peu de nourriture, aussi l'avait-on réduite à ne manger dans un jour que le quart d'une pomme cuite; elle ne demanda jamais qu'on augmentât un peu cette si modique ration, bien que le besoin qu'elle ressentait fût un véritable martyre, comme elle le disait à l'une de ses sœurs. Mais pour que ses parents ne fussent pas attristés de son état, elle se mettait à table avec eux et les excitait à manger, en ne leur laissant pas même deviner la faim qu'elle éprouvait et contre laquelle il lui fallait lutter bien plus fortement en voyant les autres satisfaire à la leur.

Celui qui souffre, aime, d'ordinaire, à inspirer des sentiments de compassion et à être plaint; les jeunes filles, surtout, semblent avoir besoin de recevoir des témoignages de l'intérêt que l'on prend à leurs peines; mais Caroline était arrivée, dès l'enfance, à la perfection que l'on admire dans les Saints. Oh! ne me plaignez pas, disait-elle à ses amies, si vous saviez comme il est facile de souffrir quand Dieu nous aide à supporter les souffrances !

On voulait faire une neuvaine de prières pour obtenir sa guérison, elle trouva le moyen de l'empêcher, et elle disait ensuite en secret à l'une de ses sœurs : Laissons faire le bon Dieu, il sait, bien mieux que nous, ce qui nous convient : à moi, la santé ne vaudrait rien ; avec elle, viendraient des compliments de toutes sortes que l'on ne manquerait pas de me faire et qui me perdraient. Quand j'ai été un peu bien portante, on m'a dit quelquefois que j'étais jolie, ce seul mot me faisait perdre la tête. Bientôt, sans doute, je voudrais paraître spirituelle, et puis passer pour aimable. Qui sait jusqu'où ma vanité me conduirait ? Oh ! que Dieu est donc bon de s'opposer, par la maladie, à ce que je perde mon âme !

Cette foi admirable qui portait la jeune Caroline à accepter généreusement et même avec joie toutes les rigueurs de la maladie, est ce qui paraît avoir davantage fixé l'attention de ceux qui la connurent. Peu de détails nous sont parvenus sur les autres vertus qu'elle montra dans la maison de son père, mais on les devine en lisant les quelques pages écrites par elle et que nous avons eu le bonheur de voir. Ses compositions indiquent un rare talent, mais en même temps une sainteté plus rare encore, et si, comme on l'assure, des auteurs sont venus, malgré sa jeunesse, la consulter sur des ouvrages qu'ils voulaient publier, il nous semble que des personnes avancées déjà dans les voies de la perfection, pourraient aussi s'aider de ses pieuses inspirations.

Ne peut-on pas, en effet, juger en même temps et de la poésie de son imagination et de la pureté de son cœur, dans les vers qu'elle a faits sur la virginité, et que nous traduisons librement, en cherchant, toutefois, à leur laisser la teinte de leur origine allemande.

La Couronne de la Virginité.

« O mes compagnes ! acceptez pour vous la couronne de myrthe, la couronne du mariage ; allez joyeuses aux pieds du saint autel,

et que le Seigneur répande sur vous les grâces
qui font les heureuses et les saintes épouses !
Pour moi, la couronne que j'ai choisie, elle
est tressée avec des tiges de lys, c'est la couronne de la virginité ; et j'irai à l'autel pour
solliciter les grâces qui font l'heureuse et la
pieuse vierge !

« Que d'autres se glorifient de porter sur
leur sein le bouquet de fleurs d'orangers, le
bouquet du mariage ! Puissent leurs vertus
embaumer le cœur de leurs époux, comme
les fleurs cueillies pour leur parure embau-
ment sa demeure ! A moi, le bouquet de lys,
le bouquet de la virginité ; je croîtrai comme
cette fleur délicate dans le fond de la vallée
et à l'abri des orages, ignorée des hommes,
mais connue de Dieu.

« O bonheur ! je suis vierge, je resterai
vierge, la vierge du Seigneur ! Ma tête ne
se lassera point de porter la couronne de
lys, la couronne de la virginité. Oh ! que nul
ne vienne jamais me l'enlever ! L'enfance, la
jeunesse, la vie, tout s'écoule, mais les fleurs
si blanches de mon diadême ne seront jamais

effeuillées. Non, mon beau lys, non, tu ne te flétriras jamais !

« Voyez les cieux qui s'ouvrent; c'est pour la femme qui est demeurée innocente. Voyez le ciel des cieux qui s'ouvre, c'est pour la femme qui est demeurée vierge ! Parce qu'elle a renoncé, sur la terre, à s'appuyer sur le bras des enfants des hommes, son âme s'est envolée à la suite de l'agneau vainqueur. A elle de triompher avec la couronne de lys, la couronne de la virginité. Auprès de Dieu, la vierge a trouvé grâce. »

Il n'y a pas une moindre abondance de pieux sentiments dans les vers que Caroline a écrits sur le ciel, sur le bonheur des Saints, sur la tendresse de sa mère, sur plusieurs autres sujets ; si nous avons cité de préférence ceux qu'elle a consacrés à la virginité, c'est qu'entre toutes les autres vertus, la vertu de pureté lui était chère. Dès le berceau, on lui vit toujours éviter avec le plus grand soin ce qui aurait pu le plus légèrement altérer son angélique modestie, et il paraît qu'à l'âge de seize ans, après en avoir sans doute obtenu la permission, elle voulut faire en secret le vœu de chasteté.

C'était dans la prière et la méditation qu'elle arrivait à cette perfection qui détachait peu à peu son cœur des créatures pour le donner tout entier à Dieu. Pleine d'affabilité envers tous, mais principalement envers ses parents, ne laissant jamais échapper une occasion de leur témoigner son amour et sa tendresse, son âme aimante se sentait principalement attirée vers le Seigneur.

« Oh ! que j'aime donc le bon Dieu ! disait-elle à sa sœur Fanny, dans un pieux épanchement ; si tu savais toutes les faveurs qu'il m'accorde ! Quand je suis seule, il m'entretient ; quand je souffre, il me soulage ; aussi, franchement, je n'ai besoin de personne et toujours je suis heureuse. » Et puis se reprochant d'avoir laissé échapper un secret qui pouvait la faire juger avec avantage. « C'est pour toi seule, ajoutait-elle, c'est pour toi seule, ma bonne Fanny, ce que je te confie ; car toi, au moins, tu sauras tout rapporter à Dieu ; tandis que les autres croiraient que j'ai des mérites qui, hélas ! ne sont nullement en moi. J'entends que l'on admire quelquefois ma patience ou d'autres vertus aussi imaginaires ; je gémis de l'erreur où l'on est sur ce point ; mais je regarde mon crucifix, je vois notre bon Jésus et je lui dis : C'est vous, ô mon Dieu, c'est vous qui vivez en moi ! »

Un grand sacrifice, bien plus douloureux encore que celui de la santé, était réservé à Caroline. Cette chère Fanny à qui elle révélait son cœur tout entier, cette bonne et pieuse sœur avec qui elle paraissait n'avoir qu'une même âme, devait lui être enlevée. Fanny avait été appelée par Dieu lui-même à la vie religieuse ; après un mûr examen, de longues prières, une épreuve convenable, elle avait enfin obtenu de ses parents la permission de suivre ses désirs, et le 5 septembre 1840, elle partait pour le noviciat du Bon Pasteur d'Angers. Caroline qui avait été la confidente de ses projets, et qui, tant que le moment de les accomplir n'était pas venu, l'avait encouragée avec tant d'énergie à y donner suite, sentit son cœur faillir aux derniers embrassements; elle serrait sa sœur dans ses bras, la mouillait de ses larmes, et ne pouvait consentir à s'en séparer. « Quoi, pour toujours! disait-elle; nulle espérance de nous revoir que dans le sein de Dieu. Oh! c'est impossible! Cependant il faut bien que tu quittes famille et patrie, puisque c'est ta vocation; mais moi, alors je te rejoindrai: oh! tu n'as pas plus envie que moi d'appartenir toute à Dieu. Je vais tant prier que mes vœux seront exaucés, je serai guérie. Je pourrai aussi devenir Religieuse et nous pourrons nous retrouver encore sur la terre. Oui, à Angers, oui, bientôt nous nous reverrons. »

Dans de telles paroles, on ne pouvait apercevoir que l'expression d'un grand attachement, d'une douleur profonde, d'un vain et stérile désir; car Caroline était, à ce moment, plus malade et plus souffrante qu'elle ne l'avait jamais été; les médecins ne donnaient pas la moindre espérance de rétablissement; la famille s'était accoutumée, pour elle, à la triste perspective d'une vie entière d'infirmités. Cependant comme c'était Dieu qui avait mis dans le cœur de la pauvre malade les souhaits qu'elle exprimait, c'était lui qui devait les exaucer.

Voilà, en effet, la lettre que Caroline écrivait à Fanny, deux mois et demi après son départ :

Munich, le 19 *décembre* 1840.

Sœur bien-aimée,

Que tout ce qui respire bénisse le Seigneur, car le Seigneur vient de faire pour moi des choses admirables ; je ne sais comment te les apprendre ; oh ! que tu vas être étonnée ! Les paroles de l'Ecriture que tu connais si bien, sur lesquelles tu as si souvent médité, je les ai entendues aussi. Depuis ton départ, surtout, il me semblait sans cesse que Dieu me disait ce qu'il t'avait dit : *Ecoute, ma fille, vois, prête l'oreille, oublie ton peuple et la maison de ton père.* Ces paroles, elles sont descendues dans mon cœur, elles s'y sont gravées profondément, je ne pouvais plus penser à autre chose, et attirée ainsi aux pieds du céleste Pasteur, je lui ai répondu : Seigneur, si je ne suis pas trop indigne, mettez votre pauvre brebis sur vos épaules et portez-la dans votre bercail : je serais si heureuse de m'y trouver ! Alors ce Dieu tout miséricordieux m'a fait connaître qu'il agréait ma demande, que je serais guérie, et que je deviendrais religieuse. Aussitôt j'ai confié mes désirs à maman et à mon confesseur, qui, en souriant, m'ont promis de ne pas mettre d'obstacles à ma vocation quand je serais rétablie. A dire vrai, mon état de santé était toujours si pitoyable, que je comprends bien que maman ait regardé la chose comme une idée singulière d'une pauvre malade qu'il est inutile de contrarier, c'est pour cela, sans doute, qu'elle ne m'a pas fait la moindre difficulté. Mon confesseur m'approuvait de mettre ma confiance en Dieu, mais il voulait me faire entendre que ce que la prière me procurerait, ce serait la patience plutôt que la santé. Il fallait bien le laisser dire, mais comment aurais-je pu hésiter à croire que je serais guérie, moi qui entendais le Seigneur qui me parlait lui-même distinctement au fond du cœur. Aussi, je commençai une neuvaine avec une pleine confiance; je me confessai, et, au moment de la communion, profitant de la permission que m'avaient donnée maman et mon confesseur, je promis à Dieu de me faire Religieuse comme toi, s'il daignait me rendre la santé. Oh! je savais bien qu'il me guérirait! j'en étais sûre.

Le premier dimanche de l'Avent, dernier jour de ma neuvaine, on m'apporta la sainte Communion dans ma chambre, j'avais pu me lever. Au moment de la recevoir, il me parut voir la Sainte-Vierge qui me présentait elle-même à son Fils, et ce divin Jésus, je l'entendis qui me disait : Je suis ton tout, ton unique bien, ton trésor, ton amour, ton rédempteur, ton roi, ton père, ton époux... Mais tout cela, bonne sœur, il me le disait d'une manière que je ne puis pas t'exprimer; ce n'était pas avec les oreilles, c'était avec le cœur que je le saisissais.

Comme j'étais toute recueillie pour mon action de grâce, tout à coup il m'appela par mon nom, et aussitôt, je ne sais comment cela se fit, je me levai, je me trouvai sur mes jambes, moi qui depuis si longtemps n'en pouvais faire aucun usage ; et d'un pas ferme et assuré, je m'approchai de la table sur laquelle un instant auparavant avait été déposé le corps du Saint des Saints. Là, émue au delà de tout ce qu'on peut imaginer, je me jetai à genoux, je récitai avec transport le *Magnificat*, et je me sentais, en ce moment, comme Marie, forte en celui qui fortifie les faibles.

Maman cependant avait tout vu, mais remplie de surprise elle était sans mouvement et sans paroles ; quand je me relevai, ce fut pour me précipiter à son cou, alors seulement elle commença à pleurer, et elle me serrait contre son sein sans pouvoir encore rien dire.

A ce moment, entra notre petite sœur Marie ; mais lorsqu'elle me vit debout et me tenant seule sur mes jambes, elle eut peur et fut tellement saisie qu'elle sortit en jetant de grands cris. Alors tous nos parents accoururent les uns après le autres; moi, j'allais au devant d'eux, je les embrassais à mesure qu'ils entraient, et ils étaient frappés d'étonnement de me voir ainsi guérie. Tu peux te faire une idée de leur joie, de leur émotion, de tout ce qui se passait en eux. Papa surtout allait et venait en répétant sans cesse: C'est un miracle! mais c'est un vrai miracle!

Bientôt le bruit de ce rétablissement soudain se répandit dans le quartier; on venait pour me voir, on me demandait ce que j'avais ressenti, et comment la chose avait eu lieu. Les uns croyaient à un prodige réel de la miséricordé de Dieu pour moi; d'autres, au contraire, disaient: Ce n'est qu'un effet de l'imagination de Caroline. Cette pauvre fille s'exalte si fort! mais sa guérison ne durera pas.... c'est impossible!.... Ne leur en déplaise, elle dure fort bien. Voilà quinze jours que je me lève, que je marche, que je vais dans toute la maison; mais, à vrai dire, je ne sors que peu au dehors, à cause de la faiblesse que je ressens encore. Je suis libre cependant dans tout mes mouvements, je puis me baisser et me relever sans peine, je porte même et fais sauter sur mes genoux notre bon petit neveu. Enfin, dimanche passé, j'ai été à pied à l'église où j'ai communié, et cela dès cinq heures du matin, malgré les brouillards de décembre et la neige et le froid de notre Bavière. Oh! si seulement je pouvais rendre à Dieu de convenables actions de grâce! Si au moins je savais exprimer convenablement une partie de ce que je ressens! mais je ne sais rien dire et rien penser, je suis si misérable! O Fanny! toi, prie, remercie pour moi!

Tu penses bien que je n'ai point oublié mon vœu. C'est pour lui que Dieu m'a guérie, il veut que j'aille te rejoindre; mais le moment n'est pas encore bien fixé; mon confesseur me dit d'attendre un peu, soit pour ne pas tenter la Providence, en entreprenant un si long voyage durant l'hiver, soit pour préparer nos bons parents à une séparation qui fera revivre la douleur que leur a causée la tienne.

Chère amie, qu'il est vif en moi le désir d'être un jour Religieuse, de l'être bientôt! O mon Divin Jésus! agréez-moi au nombre de vos épouses, et faites que pendant ma vie je puisse ramener dans votre bercail beaucoup d'âmes égarées!

Prie, prie pour moi, bonne Fanny, dis aussi à tes Sœurs du couvent de prier pour ta sœur du monde. Oh! je les aime toutes déjà, et je serai bien heureuse de me trouver au milieu d'elles, quand le moment sera venu; mais il faut que tu leur fasses connaître par avance tous mes défauts, afin qu'elles ne soient pas scandalisées de ma misère quand elles me verront.

Au revoir, Fanny, au revoir; il me semble que jamais tu ne m'as été plus chère qu'à présent.

Toute à Dieu.

Caroline.

Les vœux que Caroline formait avec tant d'ardeur, devaient obtenir un entier accomplissement. Ses parents étaient convaincus que sa guérison n'était pas naturelle, et ils se seraient reproché de refuser à Dieu celle que Dieu leur avait rendue contre toute attente; ils voulurent cependant que la vocation de leur fille fût encore sérieusement examinée, et quand on les eut assurés qu'elle présentait tous les caractères désirables, ils y donnèrent leur plein consentement. Aussitôt Caroline se prépara au départ, et les premiers jours du printemps étant arrivés, elle s'arracha courageusement aux embrassements de ceux qu'elle aimait mieux que tout, mais moins que Dieu.

Le long voyage qu'elle eut à faire pour se rendre de Munich à Angers, ne parut aucunement l'incommoder. A son passage à Strasbourg d'abord, à Paris ensuite, elle s'arrêta quelques jours chez les Religieuses du Bon Pasteur de ces deux villes, et les édifia par la vivacité de sa foi et de sa piété; mais elle avait hâte d'arriver à la maison-mère, et quand elle vit enfin s'ouvrir devant elle les portes de clôture du noviciat, elle éprouva un sentiment qu'elle comparaît aux joies ineffables qui doivent saisir une âme à son entrée dans le Ciel.

En effet, la pauvre enfant avait atteint le port. Ce n'était pas seulement pour lui donner quelques jours de plus de notre triste vie sur la terre, que Jésus lui avait dit comme autrefois aux infirmes de la Judée : *Lève-toi et marche,* c'était pour qu'elle pût arriver jusqu'au noviciat, y recevoir le saint habit de ses épouses, et emporter dans le Ciel avec la couronne de vierge, la couronne de Religieuse. Caroline était mûre pour l'éternité.

Quelques semaines seulement, elle put suivre les différents exercices auxquels se livrent les novices ; bientôt il fallut lui interdire la vie commune et lui donner des soins particuliers. Malgré les attentions de tout genre dont se plaisaient à l'entourer celles qui étaient devenues ses Mères selon la grâce, le mal fit de rapides progrès et on commença à craindre que cette âme si pure n'eût été

prêtée que pour peu de jours, par le
Seigneur, à la communauté qui savait déjà
l'apprécier. Ses nombreuses compagnes qui,
dès les premiers moments où elles l'avaient
vue, l'avaient aimée à cause de sa douceur et
de son amabilité, priaient toutes pour elle,
et elles s'inquiétaient vivement; mais Caroline,
qui depuis si longtemps avait appris à souffrir, était calme, résignée, patiente, et s'appliquait au milieu de ses douleurs à pratiquer
dans toute sa perfection la grande vertu ré-
clamée des novices, l'obéissance.

Comme elle ne demandait jamais rien,
on lui reprocha une fois de ne pas agir avec
plus de simplicité, et de ne pas exposer aux
infirmières ce dont elle avait besoin. O ma
sœur répondit-elle, je vous assure que je
n'éprouve pas d'autre besoin que celui
d'obéir et de ne rien faire de moi-même. Je
trouve dans cette chère obéissance un soula-
gement inexprimable. A diverses reprises, la
Supérieure générale la voyant levée lui dit de
se coucher; elle le fit toujours aussitôt sans
se permettre aucune observation, quoi qu'elle

souffrît bien davantage quand elle était a
lit. — Lui prescrivait-on de faire quelqu
chose ou de prendre une boisson à telle ou
telle heure, ses yeux quittaient à peine le
cadran de la pendule, et elle voulait accomplir tout ce qui lui était prescrit, précisément
au moment marqué.

Sa piété déjà si grande, s'était accrue
d'une manière remarquable au noviciat, et
mettant à profit toutes les instructions qu'elle
entendait, elle avançait surtout rapidement
dans la science de l'oraison ; aussi était-ce
un bonheur pour elle de méditer, et la cloche
qui annonçait, pour ses compagnes mieux
portantes, le commencement de cet exercice,
lui donnait à elle-même un signal auquel,
quoique à l'infirmerie, elle n'avait garde de
manquer. On la voyait alors devenir immo-
bile, toute absorbée en Dieu, et rien de ce
qui se passait autour d'elle ne pouvait plus
la distraire. Que de fois, en conversant avec
le ciel, elle échappa aux ennuis des longues
heures qu'une malade est condamnée à passer
dans son lit ! Aussi un jour qu'on l'avait

aissée toute seule durant un bien long espace de temps, comme on cherchait à lui faire une espèce d'excuses : Oh ! ne croyez pas que je me sois ennuyée, répondit-elle, je n'étais pas seule, et elle montrait en même temps son crucifix. Elle s'étonnait quelquefois que l'on pût réciter le chapelet en un quart d'heure ; il lui fallait à elle plus d'une heure : c'est qu'elle méditait toujours sur chacun des mystères de la sainte Vierge, et son cœur savourait toutes les paroles que sa bouche prononçait lentement. Cette union si intime avec Dieu, cet amour de la prière, cette vie d'oraison étaient trop visibles pour que dans la communauté entière on pût ne pas en être frappé, et comme tant de piété s'unissait avec l'humilité la plus profonde, la soumission la plus entière, la charité la plus aimable, il n'y avait sur la jeune postulante qu'une seule opinion : C'est une Religieuse parfaite.

Cependant la maladie montrait toujours de nouveaux progrès ; Caroline qui ne se faisait point illusion, demanda froidement au médecin le nombre de jours qu'elle avait encore à vivre. On crut qu'elle craignait de mourir avant d'avoir été admise à recevoir le saint habit de religieuse, et on lui dit que sans doute elle ambitionnait cette faveur. Non, dit-elle, on m'a recommandé de me tenir dans l'indifférence, et je n'ambitionne qu'une seule chose : la volonté de Dieu !

Cette volonté de Dieu était qu'elle fût comptée parmi ses épouses sur la terre aussi bien que dans le ciel ; aussi, malgré le peu de temps écoulé depuis son arrivée à Angers, le chapitre de la Congrégation suffisamment éclairé sur la bonté de sa vocation, l'admit à se dépouiller des livrées du monde pour se revêtir de celles de J.-C., et le 20 du mois de Juin eut lieu cette cérémonie. Caroline se traîna avec peine à la chapelle, mais il sembla que le bonheur qu'elle éprouvait lui donnait des forces. Dieu seul sait ce qui se passa dans son cœur à ce moment ; au dehors, on ne vit que son recueillement profond, il n'y avait chez elle aucune agitation, aucun empressement, aucun mouvement précipité, mais un grand calme et une douce sérénité ;

on l'entendit seulement répéter plusieurs fois à voix basse : O Jésus ! c'est donc bien vrai, vous m'avez acceptée et je suis votre épouse.

L'heureuse novice avait réuni tout ce qui lui restait de force pour sa prise d'habit ; l'effort qu'elle dut faire en cette occasion, les épuisa entièrement. Pendant trois jours encore, elle essaya de se rendre à l'Eglise en s'appuyant sur le bras de ses compagnes, pour continuer aux pieds des autels une bien sincère action de grâce ; mais ensuite ce fut impossible, sa vie était usée. Dieu qui avait retardé sa mort d'un moment, afin qu'elle fût Religieuse, voyait son but atteint, et voulait désormais que ce fût dans le Ciel qu'elle lui adressât ses prières. Déjà tous les liens qui attachaient son âme à la terre étaient rompus, et ceux qui y attachaient son corps allaient l'être bientôt.

Etendue sur son lit, la jeune novice paraissait en effet ne plus vivre que de la vie des Anges. Profondément recueillie en elle-même, elle ne communique plus en quelque sorte que par obéissance avec les personnes qui l'entourent. Si quelqu'une de ses compagnes vient la voir, elle sourit et remercie; si on la laisse seule, elle remercie aussi, tout semble lui être devenu indifférent. Comme on lui a défendu de parler, elle se borne à répondre quand on l'interroge, et même pour cela le plus souvent elle se contente de faire un signe. On remarque que, par vertu, elle ne veut pas seulement témoigner le désir qu'elle éprouve cependant au fond du cœur de voir sa sœur Fanny et d'autres novices allemandes; et que, quoique toutes les boissons lui occasionnent des nausées, elle ne refuse pas une seule fois celles qu'on lui présente. C'est donc l'obéissance, mais l'obéissance la plus parfaite qu'elle désire pratiquer jusqu'à la fin. On lui demande si elle veut se confesser: oui, répond-elle, parce que notre Mère l'a dit; et elle se prépare ensuite avec un redoublement de ferveur à approcher de la sainte Eucharistie. Oh quel bonheur! quel bonheur! s'écrie-t-elle, on ne se sent plus quand on communie; puis elle reçoit l'Extrême-Onction.

Depuis ce moment, à ses yeux fermés et à son immobilité complète, on l'eut crue plongée dans un sommeil paisible, mais on entendait ses lèvres murmurer de douces paroles qui indiquaient chez elle une pleine connaissance. Toutes, elles exprimaient son oubli d'elle-même, sa soumission parfaite à la volonté de Dieu et surtout sa charité.

Enfin, le médecin déclara que l'heure fatale approchait et que la malade n'avait plus que quelques moments à vivre. Comme sa connaissance était entière et que sa piété ne se démentait nullement, ses supérieures voulurent lui donner une dernière consolation, celle de mourir Religieuse professe, et de prononcer ses vœux solennels; on le lui proposa donc et elle dit aussitôt: Je serai bien heureuse! Mais toutefois, avant de faire le vœu de pauvreté, elle demanda la permission de disposer encore de quelque chose, c'était du crucifix qu'elle pressait contre son cœur et qui allait recevoir son dernier soupir. Elle voulait le léguer à sa mère. Pour la première fois, elle nommait cette bonne mère depuis son entrée au noviciat, mais cette circonstance montrait assez combien elle l'aimait, et quel effort elle avait dû faire sur elle-même, en n'en parlant jamais. Ses vœux prononcés, elle fit approcher sa bonne sœur Fanny qui fondait en larmes, elle l'embrassa et dit à la Supérieure générale : N'est-ce pas, ma Mère, Dieu la bénira? — Vous la recommanderez, ma fille, répondit la Supérieure, vous la recommanderez vous-même à Marie ainsi que toute notre Congrégation,, quand vous serez au Ciel. — Oh oui! ma mère. — Vous y entrerez bientôt, mon enfant. — Oui, aujourd'hui!... Et tout le monde était attendri de cette douce confiance d'une âme innocente.

Alors on commença à réciter les prières des agonisants; quand elles furent terminées, Caroline paraissait toujours aussi calme et aussi saintement recueillie. Sa sœur Fanny s'approcha d'elle et elle saisit sa main, mais sa main retomba lourdement; elle lui adressa la parole : Tu me reconnais, Caroline? Il n'y eut point de réponse.... Hélas! tout était

fini; le baiser du Seigneur était venu cher-
cher cette belle âme, sans agonie, sans
douleur, sans crise effrayante; et avant que
la terre eût connu qu'elle lui était ravie,
déjà le Ciel possédait un Ange de plus.

C'était le dimanche 27 juin 1841, à sept
heures du matin. Caroline était âgée de 21
ans et quatre mois; elle avait reçu en re-
ligion le nom de Marie du Sacré-Cœur;
elle ne le porta que huit jours en ce monde.